原作
箕輪厚介

シナリオ
星井博文

作画
松枝尚嗣

マンガ 死ぬこと以外かすり傷

はじめに

あなたはもっとデタラメだ。
世界はもっと面白い。

「この先、やりたいことは何ですか？」とよく聞かれる。
トークイベントや講演会に行くと絶対聞かれる質問だ。

ちゃんと答えられたためしがない。

僕は何か高尚なビジョンや目標に向かって生きているわけではない。その瞬間瞬間。なんなら、その日のことを、起きたその瞬間に考える。
明日、何があるかを把握していない。先のことは特に考えず、朝起きたその瞬間から、その1日の衝動に従って行動している。それが積み重なった先にただ1年後があり、5年後がある。
僕はそうやって生きてきているから、1年前、自分がこんな状態になっているとはまったく思っていなかったし、1年後自分がどうなっているかもわからない。

この漫画は僕が新卒で双葉社という出版社に入社してから、今に至るまでの約10

年を描いたものだ。特に、編集者になってからの5年をメインにしている。

僕は編集という仕事に出会い、目の前の著者の生き方に刺激され、原稿作業に没入し、それを一人でも多くの人に届けるために、ありとあらゆる手段を使ってきた。そこに、何かくっきりとしたビジョンなどなかった。ただ熱狂し、酔っ払って、塀の上をダッシュするかのようにここまで来た。

最近、朝の情報番組や夜の討論番組で社会問題をズバッと斬り、なんか偉そうなコメンテーターっぽいことをやっているけれども、学校でも会社でも家庭でも、常に問題は起こす側だし、コメントしている手元ではスマホをいじっている。最初に言っておくが、僕はまったく立派な人間ではない。テレビを信用してはいけない。であるからして、この漫画を読んでも、「まとも」な人間になれるわけではない。

僕は、ただ放火魔のように、テロリストのように、火を付け、騒ぎ立て、野次馬が集まってきた時には、他の所にまた火をつけに行く。愉快犯として日々を生きている。オリエンタルラジオの中田敦彦さんが〝パニックメーカー〟と言ってくれたのだが、まったくその通りで、周りから見たらただパニックを起こしているように見えるに違いない。

僕自身もそう。自分が一体何をやりたいのかわからない。頼む。誰か止めてくれ。

僕は出版不況と言われるこの業界で、陰で悪口を言われまくる程度には結果を出してきた。個人でも税務署に狙われるくらいには金も稼いできた。さらにラーメン屋で店員に写真を撮られるほどにはメディアで名前も売ってきた。仕事で圧倒的な結果を出す、個人で金を稼ぐ、自分をブランディングする。そういった方法論は紙の本の『死ぬこと以外かすり傷』にたくさん書いたのでそちらを読んでほしい。

この漫画は、無茶苦茶、トラブル、予定不調和なことに直面すると、頭からアドレナリンが出まくってラリってしまう、僕のもっと根源的なところを描いている。

昨日カンボジアから帰国し、成田エクスプレスに乗ると、アナウンスで「携帯の通話は周りのお客さまの迷惑になるのでお控えください」と流れてきた。カンボジアでは、誰もが自由に、ある意味で無秩序に商売をしたり、ご飯を食べたり、地べたに寝たり、走り回ったり、喧嘩をしたりしていた。

しかし、この国は「まとも」だから、電車の中で携帯ひとつかけることですら誰かに管理される。今の日本は、ルールや常識というものを、みんなで守ろう守ろうとして、何かの間違いで一歩はみ出した人がいると、徹底的に叩き、排除しようとする。

本来、僕たちはルールや常識をつくる側なのであって、管理される側ではない。新しいものを創造するために生まれてきたのであって、過去の誰かが作ったものをただ維持するために生きているわけではない。世界は常に、まだ不完全なのであって、今よりもっと自由で、もっと楽しくできるはずだ。

しかし、国やテレビやSNSの生み出す「正義」に盲目的に従い、こうあるべきだとか、こうあらねばならないという枠にはめられ続けて、気付いたら自分がその枠にはめられていることすらも忘れてしまう。

「その枠なんて嘘だ」「本来、こんな枠なんてあるわけがない。自分たちはもっと自由でもっと楽しい世界を謳歌できるはずだ」こう言うと、「まとも」な人たちからは「頭がおかしい」と攻撃される。だけど、「まとも」なことをやっても「まとも」なモノしか生み出されない。

「まとも」しかない世界で生きていきたいか?

多くの人の心を動かすコンテンツや世界を変えるイノベーションはいつも頭のおかしい変人が作り出す。「狂ってる」そう馬鹿にされる人間が新しい世界を作る。

作る側に行こう。こんな常識なんて破壊し、新しいものを創造しよう。

今、若者はチャンスだ。
これまでのルールとシステムが通用しなくなっている。
古い世代にはわけの分からない変化が今まさに起こり始めている。
ワクワクする未来が迫っている。この波に乗ろう。
自分たちの手で、世界の輪郭に触れ、自由で新しい秩序を作り直そう。
おっさんの言うことはすべて聞かなくていい。
その代わり、誰よりも考えて、誰よりも動け。
語る前に手を動かせ。語りながらでもいいから手を動かせ。
能書きじゃなく数字やプロジェクトで示せ。
何をやりたいか、何をやっているか、明確に答えられる人間であれ。
狂え。生半可な人間が何も成し遂げられないのは、いつの時代も変わらない。
絶望を感じながら、それでも信じて走り抜け。

守るより、攻めろ。そのほうがきっと楽しい。
必要なのは「知」と「熱狂」だ。
若き読者の武器となる本を僕は作り続ける。
こっちの世界に来て、革命を起こそう。

朝起きると、つまらない日常があり、決まりきったルーティンが待っている。しかし、それは幻想だ。しかも、自分で作り出している幻想だ。「自分とは本来こういうものなんだ」「世界とはこういうものなんだ」というふうに自分で決めてしまっている。

あなたはもっとデタラメだ。世界はもっと面白い。くだらない常識を無力化するために必要な衝動を、この本で受け取ってほしい。

目次

第2章 名前を売れ、手を動かせ 71

第3章 死ぬこと以外かすり傷 111

プロローグ

衝動に従え

インド
新しいものを生み出したければ
予定調和や合理性というものからあえて離れて
トラブルに突っ込んでいかなければならない
MARKET
AGRA
JAIPUR
HARIDWAR

しかし——

う〜〜ん…
まさか一人旅のインドで監禁されることになるなんて…
〜〜〜!!
〜〜〜!!
言葉はわからないが…
『宝石を買わないとここから出さないぞ』
って言ってるんだろう
そんな金ねぇよ
もう何時間拘束されてるんだ…
このままだとマジで殺されるかもしれない…

コーラ？
飲めと
言ってるのか…
ありがたい…

ピク、

そう言えば…
『地球の歩き方ーインド』に
見知らぬ人から渡される
ドリンクは
睡眠薬が混ざっている
…って書いてあったぞ

もしかしたら
このコーラにも…

ちっ

嫌だ嫌だっ
飲まねーよ!

嫌だって!!
ガッ

今だっ!
!!
捕まったら
殺されるっ

ドクン
死にたくないっ！
死にたくないっ!!
ドクン
死にたくないっ!!!
ドクン
ッ
ッ

はあ
はあ
はあ

はあ…
この体験を
誰かに伝えたいっ!!
生きてる
足の震えが
止まらない
がく
がく
Internet cafe

すげぇ体験
大丈夫？
すげぇ
インド怖っ
そんなことあ
おいマジかよ
で何
期待してみ
みんなが熱狂してる…！

やっぱり
普通なんて
つまらないよな
トラブルに
身を投げろだ！
箕輪厚介
数年後
出版業界に飛び込み
革命を起こし続ける
ことになる

1

トラブルに身を投げろ！

新しいものを生み出したければ、予定調和や合理性というものからあえて離れて、自らトラブルに突っ込んでいかなくてはならない。編集者として必要なその片鱗は、高校時代からすでにあった。僕は、高2のとき『深夜特急』に熱中し、すぐさま沢木耕太郎の講演会に駆け付けバックパックにサインしてもらい、イタリアとスペインへ一人旅に出かけた。

スペイン滞在中、マドリードで列車爆破テロが起こった。街は騒然としていた。状況が分からない非日常的な雰囲気に胸騒ぎを覚えた。でも次第に一人旅にも慣れ、「『深夜特急』っぽくなく、普通に終わっちゃったな……」とどこか物足りなさを覚えていた。しかし帰国直前のミラノ空港で、事件は起きた。パスポートを紛失したのだ。乗るはずの飛行機は飛び立ち、英語はまったくしゃべれない。当時はスマホもＬＩＮＥもグーグルもない。その瞬間、最悪な不安に襲われる中でアドレナリンが噴き出す音が確かに聴こえた。そこから本当の旅が始まったのだ。

プロローグ
衝動に従え

まずは、日本人の空港職員をつかまえて事情を話した。「テロの影響で警備員がたくさんいるから、今は空港が一番安全だ。パスポートを再発行してもらえるまで空港のイスで寝泊まりしなさい」というアドバイスに従い、僕は映画『ターミナル』のトム・ハンクスのように空港ホームレスと化した。

当時は春休みで空港には日本人がウジャウジャいた。「高校生なんですけど、パスポートもオカネもなくて困ってるんです」。恐る恐る声をかけると、日本人観光客はおもしろいほど小銭を恵んでくれた。こうして集めた種銭を使って、バスや電車を乗り継いで領事館に辿り着き、臨時パスポートを発行してもらった。そして無事帰還することができたのだ。

このマンガのように、大学時代に出かけたインドでも、僕は土産物店を装った店に巧妙な手口で誘い込まれ、「宝石を買わないとここから出さないからな」と小部屋に監禁されてしまったのだ。気が遠くなるほど暑い部屋に何時間も拘束され、「このままではマジで殺されるかもしれない」と思い、相手を押し倒し、全力で脱走した。しかしそのとき思ったのは、「今すぐネットカフェを探してミクシィ日記を書かなきゃ」。こんなおもしろい体験をしたのだ。僕の脳内は「この体験を誰かに伝えたい」という衝動で疼いていた。恐怖よりも高揚感が勝っていた。編集者などという仕事は善悪や倫理など関係ない。自分の偏愛や熱狂が抑えられなくなって、ほとばしって漏れ出したものが作品に乗って世に届くのだ。

予定調和にロジカルに考えても計算通りのものしか生まれない。無難に生きても何も起こらない。誰かが作った道を踏み外す。カオスにこそ、まだ見ぬ景色があるのだ。あらゆる事故やトラブルに自ら身を投げろ。

みんなが熱狂してる…!

第1章

予定調和を破壊せよ

双葉社
2010年
彼らが今年の新入社員だ!
よろしくお願いします!
俺も今日から社会人か…
インドの時みたいに面白いことあるかなぁ
それではこのあとは他社合同のマナー研修だ!
マナー研修!
実践的なマナーが手っ取り早く学べるなんてありがたい!

業合同新入社員マナー研修会

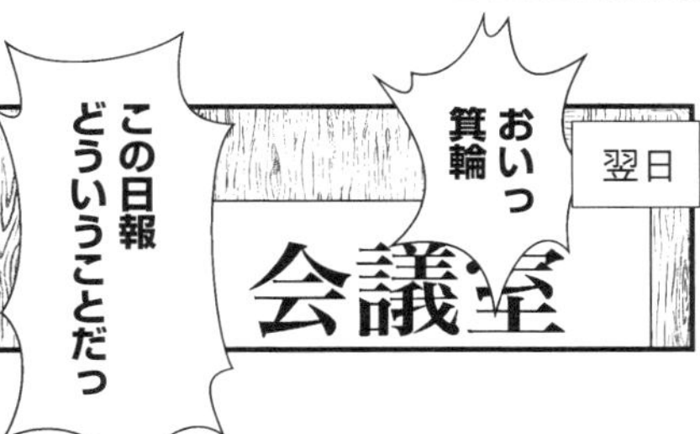

研修会の感想です
『マナー研修という名の茶番劇』が感想かっ！
ザッ
はい

そこにも書いてありますが
高い参加費払って大勢の社員を一日拘束するような内容じゃありません
こんな無駄なことは来年からやめたほうがいいと思います

新入社員のくせにふざけるなっ
上層部が良かれと思ってやってやってるのに
正直に書いたほうが会社のためだと思ったんですけど

何も知らない青二才に何がわかるっ
めっちゃ怒ってる…

お前みたいな
問題児
はじめてだ

営業部

大丈夫か？
局長の声
外まで
聞こえてたぞ

くだらないものを
くだらないって
言ったら叱られた
バカだな

新人研修なんて
みんなくだらないと
思ってるんだよ
え
そうそう
黙って
従っていれば
金がもらえるんだ
そのほうが楽だろ

社畜の群れは居心地がいいってことか
なんだよ
それのどこが悪い?

羊のように組織に従順な生き方は癖になる
ガタ
そんな生き方俺は嫌だ

俺はこの先ずっと王様は裸だって叫び続けてやるよ
言ってはいけないことを言ってしまえ

…と
威勢のいいことを
言ってはみたものの

営業部

秒速一億を稼ぐ男
ネオヒルズ族
それが
与沢翼だ

〜〜〜!!
ーー!
何この人…

おぉぉぉ!
こんな
面白い人間が
いたんだ

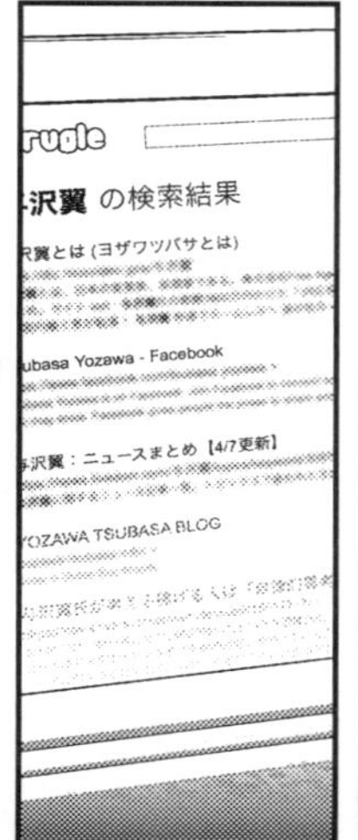

rugle
沢翼 の検索結果
沢翼とは (ヨザワツバサとは)
ubasa Yozawa - Facebook
与沢翼：ニュースまとめ【4/7更新】
YOZAWA TSUBASA BLOG

与沢翼の
本を出したい!
たくさんの人に
知ってもらいたい

これこそが
今の俺が
熱狂できることだ!!

けど…
営業の俺が
企画を立てたって
会社がうんと
言うわけないいな…
……

だったら…!

編集部
編集長
与沢翼の雑誌を
作りましょう!!
は?
お前営業だろ
何言ってんだ?

そもそもそんな話に会社が予算をつけてくれるもんか
ニッ

予算だったら大丈夫です！

お金も直接交渉して本人に3000万円用意してもらいました！

与沢本人と会ったのか!!
ガタ
ええ昨夜ホテルで

なんて勝手な…
与沢翼の噂
知ってるのか
詐欺師とか
元犯罪者とか
言われてるんだぞ！
もちろん
知っていますよ

だったら
本出せないこと
わかるだろっ！
そんな危ない金
持ってくるなよ

けど！
こんな人
他にはいませんよ
他社が
やらないから
ウチがやる意味が
あるんじゃないですか

無理なものは
無理だ

もういいです
社長に
直談判してきます
おいっ
待てっ

社長

ダメだ

どうしてですかっ
彼のことを知りたい人はたくさんいるはずです
ダメなものはダメなんだよ

バタンッ

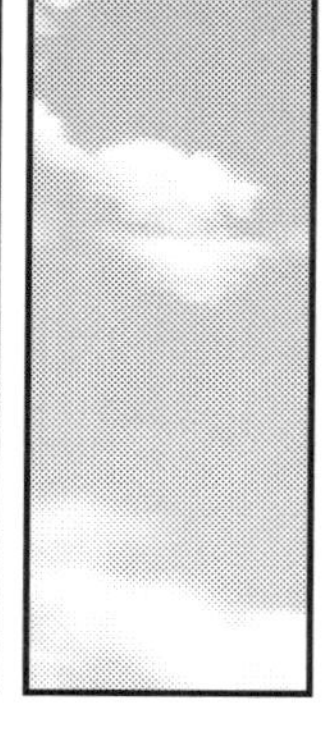

社長
お願いします
絶対に売ってみせます
しつこいぞっ

どこまでも食らいついて必ずOKと言ってもらいます

わかったわかった
そんなに
やりたいんだったら
やればいい
ありがとう
ございますっ!!

ただな
自分で
すべてやれ
え

与沢翼なんかの
雑誌を作る
バカな編集者など
誰もいない
お前が
一から全部
やるんだったら
許してやる

編集経験の
まったくない俺に
無理難題押し付けて
あきらめさせる
つもりか…!

…やりますよ
そう
それが普通――
…やるだと!?

はい！
期待してください！
バタン
バカな…
バカなことにフルスイングしろ
一から勉強してやりきってやる！

…まだそんなとこやってんのか ちょっと貸せ！
え…あ…すいません
…あの… いいんですか？
どうしても出版したいんだろ
ありがとうございます！
はじめは一人だったが
今回だけだからな
ここくらいだったら僕が…
いつの間にか手伝ってくれる人も増えた

熱狂は多くの人を巻き込むんだ…!!

格差社会を生き残れ!
年収1000万超を目指す若きビジネスマン必読マガジン
「ネオヒルズ・ジャパン」
与沢翼責任編集
第1号!
Japan
12
孫正義
堀江貴文を
超える!?
稼ぐ、与沢翼の流儀
秒速1億円のニュースな男
レスリー・キーが撮る
裸のネオヒルズ族
成功者だけが実践する
仕事の絶対習慣

そうしてようやく迎えた発売日——
ドタ
ドタ
双葉社
箕輪っ
大変だっ
与沢が専属運転手への暴行容疑で逮捕されたっ!!
う…嘘だろ
ネットで大騒ぎだぞ
与沢翼責任編集長の雑誌、創刊日に逮捕、廃刊

回収になってしまうのか…?
あんなに頑張ったのに
だから止めたほうがよかったんだ
◎コメント
kazu*****
ウケる
*********?
局こんなやつ
版業界って言
hu*****
白すぎて逆に
Kmnc*****
このまま廃刊になっ
プレミア付くんじゃ

これ 売れますよ

はぁ? 何言ってるんだ
こんなにネットで話題になってるんですよ 絶対にみんな買ってくれます!

その前に社長が
回収を決定するに
決まってるだろ
社長は俺が
なんとかします
とにかく
売って売って
売りまくりましょう

社長室

コン
コン

入れ

パタ
ン
…失礼します

ようやく来たな
与沢の話は聞いたぞ本当なのか
もしそうなら回収は避けられないぞ

実は…

これはプロモーションなんです！
なに？プロモーション？

発売日の今日に合わせて思い切ったことをしたんです
このおかげでネットは騒然で大注目です

……
雑誌はきっと完売するはずです

ゴク…

そうか…
やるな
!
あ…
ありがとう
ございます

それでは
失礼します

パタン

ボソ
…あんまり
恐ろしいこと
するなよ

警察を動かす
プロモーションなど
あり得ない…
社長は
わかって
アホなふりを
しているのかも
しれない

数日後
ネオヒルズ・ジャパン
3万部完売だ
よっしゃぁ!!!

まさか
完売するとは
思わなかった
俺は
絶対に完売すると
思ってましたよ

はぁ…
これから先が
思いやられる
へ？

おまえは
来月から
編集部に異動だ

遂にですかっ
あまり無茶は
せんでくれよ

それは
無理です
熱狂は
伝播することを
体感したんで
今後もバカなことに
フルスイングします
お前な…

で
作りたい本とか
あるか？
もちろんです！

出版界の革命児
幻冬舎社長
見城徹の本を
作ることです！
う…
嘘だろ…
大マジです

書籍を
作ったことがない
人間が…
それもどうして
よりにもよって
見城さんなんだ？

熱狂ですよ！
編集者という病い
見城 徹
見城さんの
『編集者という病い』
を読んで
編集者を目指したんです
だから俺も
見城さんみたいに
全身からみなぎる
爆発的な
熱狂をしたいんです

そもそも
見城さんにつながる
人脈あるのかよ？
そんなもの
ありませんよ
雲の上の人
なんですから

じゃあ
どうするんだ?
今から考えます

たしかに
どうする…?

トークライブアプリ
「755」で
見城さんに
メッセージは
送ったりしてるけど
返ってきたこと
ないしな…
755
どうすれば
俺みたいな
新人編集と
やってもいい
って思って
くれるんだろ…

編集者
という
病、
見城さんよりも
見城さんのことを
もっと考えろ

数日後
双葉社

どうだ？
見城さんとは
会えたか？

いえ…
まだ
ブンセキ過程です
ブンセキ？

これです

わっ
これ全部
見城さんに関する
ものなのか？

〝憑依レベルのブンセキ〟
って自分で名付けてます

俺中学生のころから人の性格やコンプレックスや本性を徹底的にブンセキする癖があるんです
人間観察って感じか?
まぁ似たようなものです

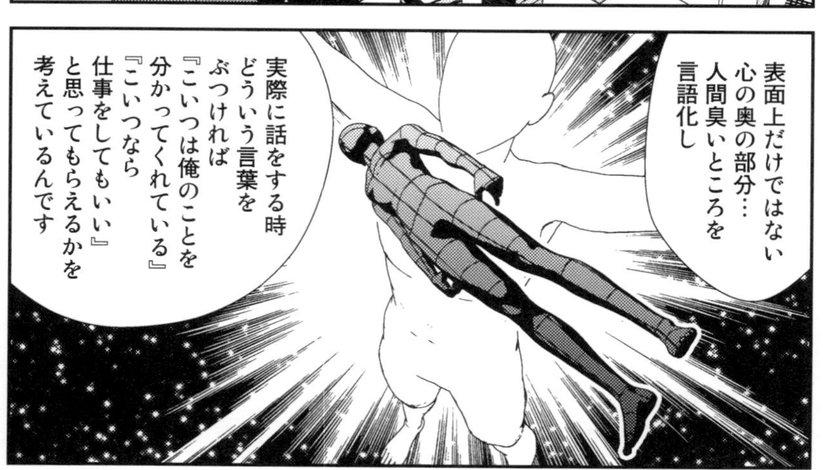
表面上だけではない心の奥の部分…人間臭いところを言語化し
実際に話をする時どういう言葉をぶつければ『こいつは俺のことを分かってくれている』『こいつなら仕事をしてもいい』と思ってもらえるかを考えているんです

見城さんの
出演した番組や
本 記事など
ほとんど記憶しました
寝ても覚めても
見城さんのことしか
考えていません

そこまで…

これ
全部読んでから
手紙を書きます
手紙だと？
そんなもの
読んでくれるか
なんて
わからないだろ

だったら
何通だって
書きますよ！

俺の
熱い想いを伝えて
こじ開けてみせます…！

数日後
見城
手紙読みました
一度お電話ください
×××-×××-×××
やったぁ!!

いい手紙だったよ
ありがとう
手紙に自分のことばかり書くやつは最低だが
君はひたすら俺のことを書いてくれた
君の熱を感じたよ
どうしても見城さんの本を作りたいんです

いいだろう
だが
必ず
売れるものを
作れよ

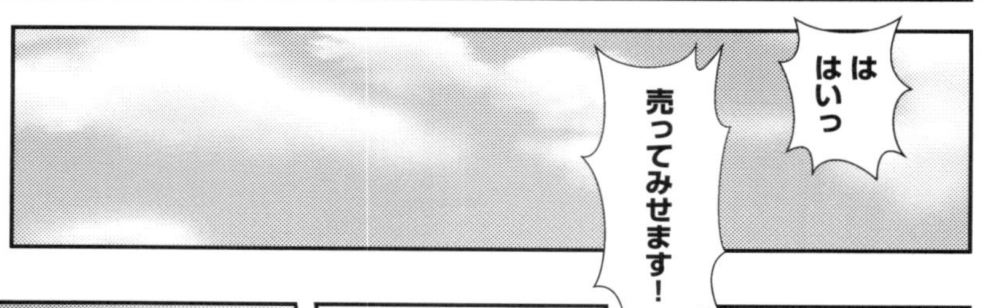
は
はいっ
売ってみせます！

こうして
たった一人の熱狂
念願の〝見城本〟の
出版にこぎつけた――

社長室
PRESIDENT
がーー
発売日が
遅すぎるっ!!
搬入日を
あと2日
前倒しにしろっ!
ええっ
しかし!
うちの流通網だと
この日が
精一杯なんです…
だったら
幻冬舎の流通を
使えばいいだろ
それは
無理ですって!
双葉社の本
なんですから
箕輪っ
よく聞け

無理はなぁ
通すために
あるんだよ!!
!

わかりましたっ
そうしますっ
俺は
何を守ろうと
してたんだ
当然だっ！
与えられた仕事を
段取りどおりにこなせば
失敗して大きな傷を
負うことはない
…でも
予定調和からじゃ
何も生まれない…

決めたぞ…！
俺は幻冬舎で
勝負しなければ
いけない
自分の人生は
幻冬舎でこそ
花開く…！

出版した
「たった一人の熱狂」は
大ヒット
箕輪の
代表作となる
見城徹
たった一人の熱狂

2

言ってはいけないことを言ってしまえ

僕が双葉社に入社したとき、新入社員全員でマナー研修というものを受けさせられた。社会常識に欠けていてまともな挨拶の仕方も知らなかった僕だけに、いっぱしの社会人としての常識を学べるのだと期待して出かけた。会場には複数の会社から新入社員が集まり、一緒にグループディスカッションをやらされた。「自分はどういう生き方を大切にしているのか」「どういう思いで会社に入ったか」という想いを共有する謎の会。はっきり言ってレベルが低く、小学校のホームルーム以下、ウダツが上がらない者同士が傷を舐め合ったところで何の意味があるのか。「真剣10代しゃべり場」のような空気に反吐が出た。

マナーで研修を受けたあとには、日報を書いて会社に提出しなければならない。正直な感想こそが誠意である。僕は「マナー研修という名の茶番劇」というタイトルで、「高い参加料を払い、大勢の社員を丸一日拘束することにはまったく意味がない。こんな無駄なことは来年からやめたほうがいい」と、気が狂ったように全力で感想を綴った。するとこの日報が問題となり、局長室に呼ばれて信じられない勢いで怒られた。「書いてあることは間違っていないと思いますよ」と反論すると、さらに怒りは倍増した。そして「とんでもない問題児」というレッテルを貼られてしまった。

同僚や上司との間で波風を立てず、仲良く無難にサラリーマンライフを過ごしたいというタイプの人間であれば、心の中で「くだらない集まりだな」と思っても、声を上げないのが普通だろう。それでいい。しかし、社畜の群れから抜け出し、何者かになりたいのなら、話は変わってくる。自分の頭で考えた結果「ナンセンス」と思ったことは、相手が誰であろうが声を上げなくてはいけない。「これって、ぶっちゃけ意味なくない?」「そのロジックはおかしいよね?」と言えず沈黙した瞬間、敗北が始まる。社畜化への一本道を転がり落ちる。羊のように組織に従順な生き方は、タチが悪いことに癖になる。この癖は、一度肌に染みついてしまうとなかなか治らない。悪癖は最初から排除したほうがいいのだ。

ルールや習慣とは、船にとっての錨のように不変で重い存在ではない。常に変わり続ける。おっさんは昔からの習慣を守りたがる。当たり前だ。そっちのほうが自分が変わらずにすんで都合がいいからだ。しかし若者はそんなものはまやかしであると喝破し、新しい秩序を作らなければならない。仕事をしていれば上司や取引先の無意味な注文を飲まなくてはならない場面も出てくるだろう。しかし、3回までだ。3回自分に嘘をついてしまったら、二度と戻ってこれなくなる。本当のことを正直に言うと「狂っている」「バカだ」と言われるだろう。敵を増やし、誹謗中傷にさらされることにもなるだろう。しかしそれこそが間違っていないという何よりの証拠だ。「王様は裸じゃないか」と声を上げ続けろ。

3 バカなことにフルスイングせよ

秒速で一億円稼ぐ「ネオヒルズ族」与沢翼。あるとき一世を風靡した成金だ。六本木ヒルズで暮らし、ロールスロイス・ファントムやフェラーリを乗り回す彼を見た瞬間「これはおもしろいやつがいる」と独特の匂いを嗅ぎ取った。双葉社という出版社で雑誌の広告営業をしていた僕は、すぐさま与沢とのアポイントを取った。「3000万円いただけたら、イケてる雑誌を作りますよ」と口からデマカセを言ったところ、さすがは与沢翼、即決した。

「よくやった！」と賞賛の言葉を掛けられるとばかり思って会社に戻ったら、「そんな危ない金を持ってくるな」と怒られてしまった。与沢翼で検索すると「詐欺師」「元犯罪者」などという情報が無限に出てくるのだから、当然なのかもしれない。僕はただちに与沢翼という人物がどれだけ魅力にあふれているかを書き綴り、社長のデスクの上に置いておいた。社長の心は動いた。「お前がそんなにやりたいんならやれよ」とゴーサインが出た。

「表紙は誰に撮影してもらおう。レスリー・キーしかいねえな」。レスリーの名を出すと社内の人間からは「こんなバカげた企画でレスリーにオファーを出すこと自体、会社として恥ずかしいからやめてほしい」と反対された。しかし、意外にも快諾された。ところが、撮影前日になって先方の社長から電話がかかってきた。「彼を撮ったら、自分が今まで築き上げてきたキャリアが全部壊れてしまう」とレスリーが言っているという。

ここで引き下がるわけにはいかない。数十人のスタッフが動いている。未経験かつ最年少で編集長を務める僕にスタッフがついてきてくれているのはレスリーが撮るという確約があったからだ。僕はレスリーにこう言った。賭けだった。「与沢にとって1円稼ぐことは、アスリートが0.1秒記録を縮めるのと同じなんだ。善悪ではなく自分の欲望を追求する。レスリーさんの写真にかけているものと同じじゃないですか。あなたにしか撮れない」。モザイクなしの男性ヌードを展示して逮捕された経験もあるレスリーは言った。「与沢は怪しいけれど、僕も怪しい外人だ。いい写真を撮ろう」

ところが発売日当日、「与沢が専属運転手への暴行容疑で書類送検」という速報が流れたのだ。「与沢翼書類送検、編集長を務める雑誌は創刊日に廃刊へ」という記事が次から次にネットに上がり、テレビにも取り上げられ始めた。終わった。雑誌が回収になるのではないかという最悪の結果が頭をよぎった。僕は勇気を振り絞って「これはプロモーションなんです」と社長にハッタリをかました。「やるなあ、お前！　でもあまり恐ろしいことしないでくれよ」と社長に言われた。結果『ネオヒルズ・ジャパン』は3万部が完売した。ハッキリ言って悪ふざけのバカな企画だった。しかし全力でやりきった。思いっきりバットを振れば、熱狂は伝播する。バカにして笑っていた人たちも次第に巻き込まれていく。無難にやっていたら人はついてこない。

4 憑依レベルでブンセキせよ

なんの実績もない編集者が大物作家や忙しい起業家に本を書いてくれと口説くのは難しい。当たり前だが僕も編集者になりたての頃は人脈が全くなかった。起業家の本を作りたいと思ったけれど、誰に相談すれば、本物の起業家と出会えるのか分からなかった。でも、最初に見城徹や堀江貴文など、雲の上の大物を口説いて仕事をしなければ、名を上げることはできないと考えていた。何よりも純粋に、僕は彼らの本が作りたかった。

社内の人には「堀江さんは忙しいから難しい」「見城さんは簡単には会ってくれない」などと言われたが、僕はなんか方法がないものかと考え続けていた。人間である限り感情があるのだから、不可能ではないのではないか。自分に実績がなくても「こいつとならやってもいいかな」と思わせる言葉をひねり出して相手の感情を動かすことができれば、チャンスはあるはずだ。そのために重要なのは、どれだけ相手の心を想像し寄り添えるかだ。「こいつ、自分のことを誰よりも分かっている」と相手に確信させる言葉を吐くことができれば、道は開ける。
直接話せるような相手であれば、普段接している中で相手の動向に目を光らせ、ブンセキをすればいい。しかし簡単に会えない場合はその人の本や過去に出演した番組やツイートなどを徹底的に記憶するまで吸収し、どんな人なのか想像し尽くすしかない。僕はそれを「憑依レベルのブンセキ」と名付けている。相手が自分に憑依しているかのように、相手の気持ちが分かる。言いたいことが分かる。その状態まで持っていく。実際に会ったときに、何を話せば、どういう言葉をぶつければ、「こいつは俺のことを分かっている」「こいつとなら仕事をしてもいい」と思ってもらえるか、これを考えるのだ。
見城徹の場合は、過去のテレビや本でのすべての発言を記憶した。そして手紙を書き、初対面で熱い思いをぶつけた結果、当初まったく出版に乗り気でなかった見城徹が新人編集者である僕の執筆依頼に応じてくれたのだ。堀江貴文の場合、初対面の人間に熱い言葉をぶつけられても、面倒くさそうにスマホをイジっているだけだろう。彼のツイッターや本をしっかりブンセキすれば、彼がいかに効率的でないことを嫌い、本の取材や雑誌のインタビューに時間を取られることを拒否するかが分かる。だから僕は「8人のイノベーターを僕がインタビューして、堀江さんがその原稿を読んでコメントする」という企画を提案した。「コメントするだけなので移動中にスマホをイジるだけで完成する本です」とオファーしたのだ。結果、他社から殺到していた多くの出版オファーを飛び越え、僕の企画が『逆転の仕事論』という本になった。相手が何を求めているか、どんな本性なのかを想像し、理解し言語化することができれば、なんの実績もなくても信頼を勝ち取ることができる。

〝憑依レベルのブンセキ〟
って自分で名付けてます

第2章

名前を売れ、手を動かせ

2015年
『たった一人の熱狂』で
見城徹に認められ
幻冬舎に
入社することになった

あいつが
箕輪だな
あの見城社長が
認めた男って
話だぞ
あの問題作
『ネオヒルズ・
ジャパン』
作ったやつか

ヒソ
ヒソ
ヒソ
面白いやつが
やってきたな
けど
破天荒らしいぞ
あんな若造か

「幻冬舎の舎は
舎弟の舎」——
まさに
そんな感じだな…

会社のど真ん中に
見城徹という
帝王が君臨して
ガチンコ文芸編集者が
圧倒的集中力で
文芸小説を編集する
スパルタな会社――
GENTOSHA
そんな
幻冬舎で
結果を出すために
この俺にしか
できない
仕事って何だ？
ちょっと！

朝早くから
夜遅くまで
ほとんど
家に居ないくせに
休みの日まで
スマホばかり
いじって…

家事か子守りを
手伝ってよ！
イテテ！
これは仕事だよ

ダラダラ
ツイッターを
見てるだけ
じゃない！
ちがう！
本を売るために
インフルエンサーを
研究してるんだよ

あ
見城さんの
新ツイートだ

ケンジョーサン
ケンジョーサン
……
見城さんと
結婚しろ！

プアーン

仕方ないだろ？
今の給料じゃ4人家族が都心には住めないって…

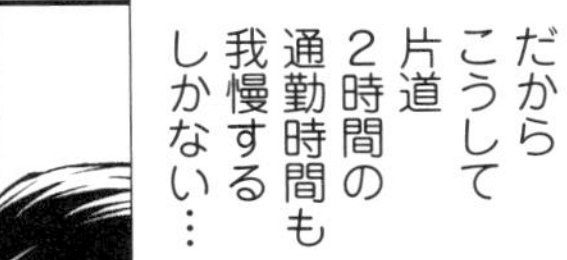
だからこうして片道2時間の通勤時間も我慢するしかない…

そんな泣き言今はいい
とにかく俺が入社したことで決定的に変わる何かをしなければ
俺の存在価値はない

幻冬舎はこれまで
文芸と芸能の
ジャンルで
ブランドを
築きあげていた
その中で
半端な結果を
出したところで
意味がない

…だったら
俺は
ビジネス書だ！

そうだ
『ネオヒルズ・ジャパン』で
コラムを書いてもらった
青木さんの本なら
絶対面白く作れるぞ！
今は
格闘技ブームじゃない
から少し弱いが…
ニュースアプリで
連載して数字取れば
企画を通せるだろ

絶対
売れる本を
作ってやる！

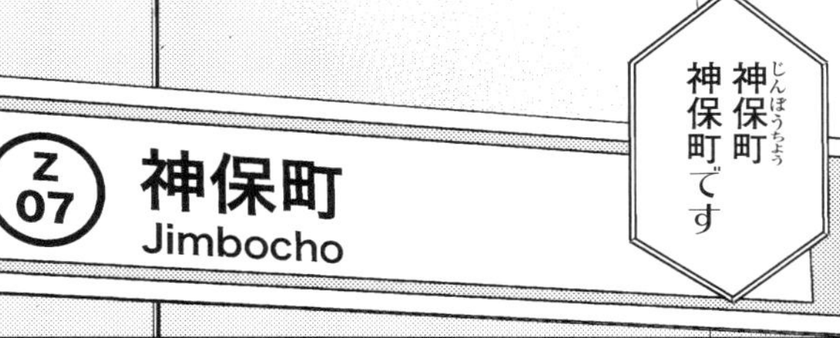
Z
07
神保町
Jimbocho
神保町
神保町です

ガタン
よっしゃー！
企画通った♪
会社に戻ったら
さっそく資料を
整理して…
ガタン
Aさんのあの本
内容は良かったのに
さっぱりだったね
ゴトン
本当
本が売れない
時代になったよ～
ゴトン

どこの出版社の
編集か
知らないが…
自分の本が
当たらないこと
どうして
平気で語れるんだ？
カッコ悪いぜ

本気で
作ったのか？
売る努力は
したのか？

俺は
俺の手で
本を売る――!

「空気を読んではいけない」
青木真也 著

―

そう
内容がいいとか
面白いだけじゃ
ダメなんだ

ちゃんと
売れる仕掛けを
考えないと…

なんだそのバカでかい見出し…!?

結果さえ出せば、他人はいつでも手のひらを返す

カシャ
よし これなら読める
え…？
本の内容に共感したら誰かに伝えたくなる
でも本の紹介は文章を書かなきゃいけない
と
けどこれなら撮る・上げるの2アクションだ

SNSでバズらせるため!?
そう！インフルエンサーが自発的に本の営業をしてくれるのが狙いだ！
そのために会社でも自宅でも24時間体制でインフルエンサーの動向を観察していたんだ
今じゃ誰に送ればどんなタイミングでツイートするか完全把握してるぜ！

まずはインフルエンサーへ献本しまくって宣伝してもらう…！

空気を読んではいけない
他人の目を気にせずに、生きたい様に生きてみたいあなたへ
周囲の雑音を断って自分なりの幸せを掴む方法
ONE FC ライト級王者
青木真也
早大卒、元公務員。異色の総合格闘技世界チャンピオン
強さの理由
幻冬舎
ドサッ
そんなに贈るのか？
初版は8千部…
ここからはインフルエンサーが頼りなんだ！
重労働だな
本を売るためなら平気です！
キリがないだろ
めんどくさい
……
…たしかにめんどくさい
はあ
はあ
それでもインフルエンサーに……！
……

あれ…？
これ
だったら
いっそ――
俺自身が
インフルエンサーになれば
いいんじゃね？
編集者・箕輪厚

箕輪さんの作る本だから買う
ヒーローインタビューを想像せよ
箕輪さんが編集するなら書
ぶろ
…よし――

箕輪厚介
@minowanowa

空気を読まないサイン会、大成功！

いめくと
@kyomihoni
箕輪って誰？

212,938
フォロワー
10,005
フォロワー

もぶお
@mobmobmob
箕輪って面白い

1,000,062

SNSでは嘘はつけない
自分という者が激しく問われる
そこに共感が生まれればフォロワーは増えていき
ビジネスにおいても熱烈な支持者になる
安心安全を破壊せよ

かめ
@ichihenshusha
編集者は黒子だろ？
何やってんだ箕輪ってやつは
そんなの…自分が血を流さないための言い訳でしかない！

恥をかけ
血を流せ

妻

オムツ無くなっちゃったから
帰りに買ってきて

妻

よろしく

ヴーッ
ヴーッ
着信
鈴木おさむ

鈴木（すずき）おさむさんっ!?

おっ
箕輪くんっ
今どこだ？
電車の中です
今から
飲むんだけど
来れない？

もちろん
行きますっ！
楽しく飲んで
著者と
本物の人間関係を
築く
でなきゃ
いい本なんて
作れっこないよな…！
プシュ〜〜

とは
いうものの…
原稿
ありがとう
ございました
確認して
ご連絡します

だめだ
疲れすぎて
目がかすむ…

ちょっと
顔洗ってくる

…大丈夫かな
また
徹夜していた
みたいですけど…
ふん
大丈夫な
わけないだろ
え…
考えても
みろ

ジャー
あんな
昼も夜もない
状態で
郊外で家族がいる
生活なんて
いつか破綻するぞ

あー
くそっ!!
バシャ
バシャ

やっぱ
全然時間が
足りてない…

これ
使ってください

あ
サンキュー
えっと…
君は

バイトの山田(やまだ)です

大学生?
はいっ
将来
編集者に
なりたくて
現場で
一生懸命
勉強中です

いつかは
人の記憶に残る
ような本を
作るのが夢です

だったら
バイトなんて
やめて
今やれよ

え…

今やれよ

真面目に
バイトしてたら
いつか
社員編集者になれる
とか考えるの古いよ
これからの時代
他力本願なんかじゃ
生きていけない

編集者なんて
資格もないんだから
著者になりそうな
人探して今までの
名言をまとめて
電子書籍にしても
いいですか?
って聞いてみれば?
僕…まだ編集
したことないし…

そんなこと
関係ない
俺だって
編集なんて
したことない時に
『ネオヒルズ・
ジャパン』を作った
死に物狂いに
試行錯誤していれば
自然と身につくよ
……

僕も
本を作りたいです

だったら
常識人ぶってないで
さっさと行動しろ
時間が
もったいないぞ…

箕輪さん…？

だよな
俺も
忘れてた…
はい？

数日後――
狂ってこその人生じゃないか

これで
無駄な通勤時間とは
おさらばだ！

夢の
都心暮らし…
…あなた
大丈夫なの？
大丈夫だ！

…半年は！！

品川区
ファミリータイプ
月収の３分の２！
はあぁあぁっ!!

さてと…
ここから
どうするかな…
自分の力で
少なくとも
月プラス20万は
稼がないと
破産だぞ…！

まずは
編集者養成講座
とかで話せば
2時間5万円だろ
それに
Webメディアで
記事を書かせてもらおう
それで
一本3万円
毎月
5本やれば
20万円稼げる
自分に何万円の値札を貼るか

…そして本業ででっかいことしてやる！
こんな絶体絶命なのに
ワクワクが止まらない!!
箕輪さん
『空気を読んではいけない』2万部増刷おめでとうございます！
今や箕輪さん自身がバズりまくってますね！
新世代のカリスマ編集者って

ありがと
山田

あれっ
反応薄いですね
……

もう俺
次行ってるから
え？

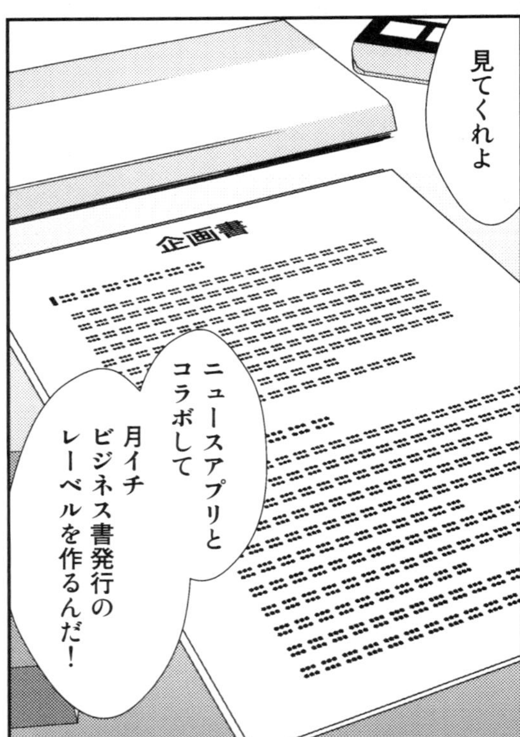
見てくれよ
企画書
ニュースアプリと
コラボして
月イチ
ビジネス書発行の
レーベルを作るんだ！

新レーベル？
…って
月イチ!?
狂ってる！

ニヤ

俺が編集長だ！

5

ヒーローインタビューを想像せよ！

実力だけで何者かになれるなどという甘い考えは捨てたほうがいい。実力のある人間など世の中に掃いて捨てるほどいる。しかし、上位1％の本物の天才以外は代えの利く存在だ。「実力よりも評判」「売り上げよりも伝説」。極端に言えばそんなパンクな生き方をする人に大衆は魅せられる。自分の手で現象を起こす人間になるためには、結果を残すと同時に自ら伝説を打ち立てなければならない。「ブランド」に人も金も付いてくるのだ。それを目立ちたがり屋だとか揶揄するのは本気で仕事をしたことがない甘ちゃんだ。

ＡＫＢ48を見てみろ！　あの大人数の中でいかに個として突出するか、みんな戦略を持って戦っている。自分にキャッチコピーを付ける努力をしている。○○の営業マン。○○のデザイナー。○○というキャッチコピーが自分とその他大勢を分ける。メジャーリーガーは、試合で活躍しヒーローインタビューをされる自分の姿を事前にイメージするそうだ。編集者になりたての、誰も僕のことなんか知らない時代から僕は「メディアが取材にやってきたときのオレ」を想像してニヤニヤしていた。

見城徹『たった一人の熱狂』を作ったときのことだった。本を一冊も作ったことがない新人編集者が伝説の編集者・見城徹に手紙を書き執筆依頼し一冊のベストセラーを作る。このストーリーは絶対に記事になる。そう確信しながらＳＮＳでその姿を発信していた。すると案の定、「大物を口説く方法」という名目でのインタビューが何本も立て続けに僕の元にやってきた。その頃は一発屋芸人のようにあらゆるメディアで大物の口説き方を語っていた。それ以降僕は「大物を口説く若手編集者」として有名になっていった。

「自分の名を刻むまでが仕事だ」と僕はよく後輩や箕輪編集室のメンバーに言う。秋元康、見城徹、藤田晋、堀江貴文、西野亮廣など錚々たるゲストが揃う１０００人規模のイベントを箕輪編集室で主催した。初めての大型イベントということもあり、予想外のトラブルが連発した。作業は熾烈を極め、メンバーは不眠不休でふらふらになりながらもイベントを成功させた。しかし、直後に僕はイベントリーダーに言った。「成功するまでにどんな苦しいことがあったのか、今すぐにおもしろおかしくブログに書いたり、インタビューを仕込んで、自分の名を売ったほうがいい」

イベントを上手に仕切る人などいくらでもいる。この人にプロデュースしてほしいという存在にならなくては意味がない。そのためには、ヒーローインタビューまでしっかりと仕込み、そこで大いに伝説を語らなければいけない。逆説的にだが、ヒーローインタビューまで想定して仕事をすれば、生半可なことはできなくなり、１つ１つの行動が変わる。そしてそれが伝説を呼び起こすのだ。伝説を伝えるまでが仕事である。

6

安全安心を破壊せよ

計算どおり、段取りどおりに進む仕事。安全安心の空間からは熱狂は生まれない。『ネオヒルズ・ジャパン』で奇天烈なヒットを飛ばしたことで編集部に異動することになった。1冊目に企画したのが出版界の革命児・幻冬舎社長 見城徹の『たった一人の熱狂』だ。「書籍を作ったことがない人間が見城さんの本を作るなんて危険すぎる」「下手な仕事をしたら出版界で生きにくくなるぞ」と周りから散々言われた。意味が分からない。最初から負けることを考えて戦いにいく馬鹿がいてたまるか。伝説の編集者と作った僕の編集処女作は、累計12万部のベストセラーとなった。

見城徹の五体からは爆発的なまでの熱狂がほとばしっているが、僕も発狂していた。20時間近くある取材テープを通勤電車など時間があればとにかく聞き込んだ。すべての発言を完璧に記憶して口を開けば見城徹のことばかり。ライターには「気が狂っている」と言われ、妻には「見城さんと結婚しろ」と言われ、まだ喋りだしたばかりの子どもは強面の男がテレビに出ると「ケンジョーサン」と言うようになった。しかし大変なのは本ができたあとだ。営業部や宣伝部とチームプレイで売っていく。双葉社の他の社員にとって僕の熱狂など知ったこっちゃない。するとと見城徹がみるみる怒り始めた。「遅すぎる！ 搬入日をあと2日前倒しにしろ！」「幻冬舎の流通を使え」。双葉社は無理だと言う。それは当然だ。通例で考えたら無理なことばかり。僕は板挟みになりながらそれを伝えると「箕輪、よく聞け。無理はなあ、通すためにあるんだよ！」と一蹴された。僕はその言葉に痺れた。そしてその瞬間に見城徹のいる幻冬舎に行かなければダメだと思った。

与えられた仕事を段取りどおりこなせば、失敗しても大きな傷は負わないだろう。しかしそんな予定調和からは何も生まれない。無理と言われたら突破する。ダメだと言われたら強行する。僕は半ば意識的に予定調和を破壊する。ありえない日程で出版まで駆け抜ける。イベントをドタキャンする。泥酔状態で偉い人との会食に行く。社会不適合者と後ろ指をさされても、これでいいのだ。いや、こうでもしないと周りも自分も弛緩してしまう。

30万部のベストセラー堀江貴文の『多動力』をマンガ化したときも、通例は全部無視。ビジネス書のマンガ化は大体フォーマットが決まっている。オフィスが舞台でOLが主人公、そんなことをしてもおもしろくもなんともない。1冊も売れなくてもいいから無茶苦茶なことがしたい。「無人島を舞台にするしかない」と思いついた僕は、最後までホリエモンに見せることなく作った。事前に相談していたらこんな意味不明なアイデアは却下されるかもしれない。予定調和を打破するためには黙ってやるしかなかった。結果は大成功だった。

7 恥をかけ、血を流せ

僕は5年ほど前、広告部から編集部に異動して初めてツイッターの可能性に気付いた。編集者が本を売る手段は新聞広告ぐらいしかない。そして結果的にほとんどの本は誰の目にも触れずに返本される。先輩編集者たちは「本が売れなくなった」「内容はよかったんだけどな」などと、特に悔しがるわけでもなく呟きながら、会社の経費で酒を飲む。その光景を見て、あまりかっこよくないなと思った、僕は僕の手で売れるか売れないかにしっかり関与したい。結果はどうであれ、神頼みはしたくない。しかし新聞広告は金がかかるし、テレビ局への伝手もない。編集者になりたての僕はSNSに頼るしか方法がなかった。

僕が作った本のことを堀江貴文やイケダハヤト、はあちゅうといったインフルエンサーがツイートすると如実にアマゾンランキングが上がった。1冊でも本を売りたいと必死だった僕は朝起きた瞬間から眠りにつくまで、いかに僕の本のことをツイートしてもらうかを考えていた。そして気付いた。これって僕自身がインフルエンサーになれば最強なんじゃないだろうか。物が溢れる時代。もはや物を選ぶこと自体に疲れる。自分が信頼する人のおススメを選ぶようになるのは時代の必然だ。さらに、これから物を選ぶ基準は「物語」になる。機能としてのＴシャツはユニクロで十分だ。あえてそのＴシャツを選び取る理由は、Ｔシャツのデザイナーの生き方が好きだとか、何かメッセージを代弁しているとか、そこに込められた物語の部分、制作者の顔でしかない。特に本などのコンテンツは機能や値段では選ばない。その裏にどんな思いがあるか、誰が編集しているかまで込みで買うか決めるようになる。

だからツイッターでは本の宣伝だけでなく、自分の人間性を丸出しにして、人生丸ごとさらけ出していくことに決めたのだ。ツイートにオリジナリティがなければ赤の他人をフォローしようなどと誰も思わない。だから他の人間が言わないようなことを言わなければいけない。しかし、それが単なる言葉だけであっても見透かされる。ＳＮＳでは嘘は付けない。つまり、誰も言わないことを言えるようになるために、誰もやっていないことに挑戦し、誰も成しえてない実績を作らなければならないのだ。結局、自分は何者で、何がやりたくて、今何をしているか。自分というものが激しく問われる。そこに共感が生まれればフォロワーは増えていき、ビジネスにおいても熱烈な支持者になる。そして今、全国の書店で僕の写真が飾られ僕の編集した本が並んでいる。

ここまでなると目立ちたがり屋だのと批判され、会ったこともない人間にケンカを売られる。しかし編集者は黒子などというのは、ほとんどの場合、自分が血を流さないための言い訳でしかないと僕は思う。著者は血を流している。裏側の人間が自分という人間を丸出しにしなければ、モノなんて売れない。

8

「今やれよ！」

幻冬舎のトイレでアルバイトの子に「将来何がしたいの？」と聞いたら「編集者になりたいです」と返答が来た。「じゃあバイトなんかやめて今やれよ」と僕は答えた。真面目にバイトしているところを見出されて社員編集者になる。それは年功序列、終身雇用が機能していた時代のサラリーマン的な発想だ。そんな考えはすぐに捨てたほうがいい。ただでさえ斜陽な出版業界で、おじさんたちの背中を見ながら順番待ちをしていたら、そのうち船ごと沈んでしまう。そもそもそんな他力本願で時代センスのない人間に編集者など務まらない。順番など無視して、まったく新しいルールと秩序を作ることこそこれからを生きる人間に求められていることだ。

弱肉強食の世界において、たとえば編集者になりたいのであれば、「今やる」しかない。編集者なんて資格も何もないのだから、今すぐホリエモンにツイッターで「今までの名言をまとめて電子書籍にしてもいいですか？」と聞いてみればいい。自分の稼働がゼロで本が完成するとしたら、もしかしたらOKと言うかもしれない。そうなれば一気に編集者だ。
よく、時代が変わっても変わらない普遍的なことを学ぶために一度下積みをしたほうがいい、就職はしたほうがいいという人がいる。
しかし普遍的なことというのは現場で死に物狂いで試行錯誤していけば、自然と身に付いている。学ぶことではない。特に今のような変化の速い時代では上の世代の成功体験は役に立たないどころか、視界をにごらせる時代錯誤の不純物にすらなる。
自分で手を動かし物を作って、人々のリアルな反応を見て一喜一憂しながら、成長していくのが一番手っ取り早い。つまりいい組織とはチャンスが多く得られる組織だ。大企業でも球拾いのような仕事しか回ってこないのであれば、自分は成長しないと焦ったほうがいい。「箕輪編集室」はチャンスに満ち溢れているから、編集者やライターの経験がなかった人たちが落合陽一や宇野常寛の記事を作ってガンガン配信している。記事の反響を見ながらトライ&エラーを繰り返しているから驚くほど上達が速い。
人の何倍も努力しろ、と言うけれど、人間はみな平等に24時間しか持っていない。不眠不休で働いたとしても、時間で考えるとせいぜい人の2倍しか努力はできない。では、どこで差がつくか、それは「昨日までできなかったことをできるようにする」ということを日々積み重ねることだ。昨日と同じコピー取りを今日も繰り返していたところで成長はない。今はSNSでもオンラインサロンでもチャンスに触れる機会は5年前と比べ段違いに増えた。時間は有限だ。人はすぐ死ぬ。だから「今やれ」。「昨日までできなかったこと」をやる。その実践を繰り返した先にプロフェッショナルがあるのだ。

9

自分に何万円の値札を貼るか

幻冬舎に転職し、編集者の仕事に熱狂するにつれて、僕の一日は猛烈に忙しくなっていった。しかし僕は2年前まで埼玉県の小手指町に住んでいた。僕は転職してきて4年目の30代サラリーマンだ。妻と子供二人と一緒に生活しようとすると2LDKは必要だ。すごい勢いで昇進させてもらっているが、30過ぎのサラリーマンの稼ぎでは郊外にしか住めない。僕は自分の作っている本では「通勤時間など無駄だ」みたいなことを言い放ち、六本木や渋谷で深夜まで飲み明かしていて、最先端の感じで振舞いながらも、実際には郊外のマンションから長時間、満員電車に揺られて通勤していた。

編集者をやっていると著者から今すぐ会いたいという呼び出しがしょっちゅうある。トラブルのときもあれば単純に飲みたいというときもある。トラブルであれば、誰よりも前のめりで突っ込みたいし、好きな才能とだったらすぐに駆け付けて朝まででも飲んでいたい。しかし都内まで最速でも2時間弱かかる。これではいい加減仕事にならない。僕は賭けに出た。月収の2／3以上の都内のマンションを借りた。貯金などほとんどなかったから、半年もすれば破産する計算だった。

でも、僕は思った。自分は追い込まれたら絶対に結果を出せる人間だと。僕が編集者をこのスタイルのままで続けるためには自分の手で毎月あと20万円は稼がないと成立しない。選択の余地はない。そう腹をくくった瞬間に何かが変わった。今まではどんなに結果を出そうと出すまいと25日には給料が口座に振り込まれていた。しかし、これからは自らの手で金を稼がなくてはいけない。でないと問答無用で破産する。

自分はいったい何をすればお金をもらえるのだろうか。市場にさらされて初めて自分の値札を意識した。まずはWebメディアに僕の実績を売り込んで記事を書かせてもらった。1本3万円。編集者養成講座などで話をすると2時間5万円。毎月5本何かを書き、2時間喋ればとりあえず大丈夫。そのうち名前が知られてきた。オンラインサロンを月5000円でやれば、10人は集まるかもしれないと思って開設するとあれよあれよという間に数百人まで増えた。さらに「月5万円であなたの商品をプロデュースします」とツイッターに書き込んだ。何十件もの問い合わせが来て、今では1時間50万円になっている。埼玉に住んでいたときに比べて月収は20倍近く上がった。

しかし僕の実力が20倍になったわけではない。僕がしたことは、無謀にも市場に出て行き、自分の腕1つで稼がなければならない状況に自分を追い込んだだけだ。しかしその瞬間、それまで檻の中で安寧に暮らしていた僕の意識が変わったのだ。自分で餌を探すことを覚え、狩りの仕方を習得したのだ。自分の手で、頭で、足で、名前で稼いでみろ。

こんな
絶対絶命
なのに
ワクワクが
止まらない!!

第3章

死ぬこと以外かすり傷

…なるほど
NewsPicksの
有料プランのさらに上を
幻冬舎さんとコラボして…
ビジネス最前線で
活躍して本なんて
書く時間のない
人たちの本を
毎月届けるんです
ええ
毎月ですか…!
それだけでは
ありません

〝NewsPicksBook〟で
意識が変わり
見方が変わり
行動が変わる
さらに
本がイベントの
招待券になる
これらの体験まで
デザインして
ユーザーに
提供するんです

こうして
NewsPicksと
幻冬舎との
コラボレーションによって
NEWS PIC
ACADEMIA
『NewsPicks
アカデミア』サービスが
始まった

毎月だからな！遅らせられねえぞ！
ニューズピックスブック第一弾『リーダーの教養書』
おおおお
雑誌じゃないのにぃ〜〜〜〜！
休んでる暇はねえぞ！
スピードスピードスピードだ!!
スピードスピードスピード

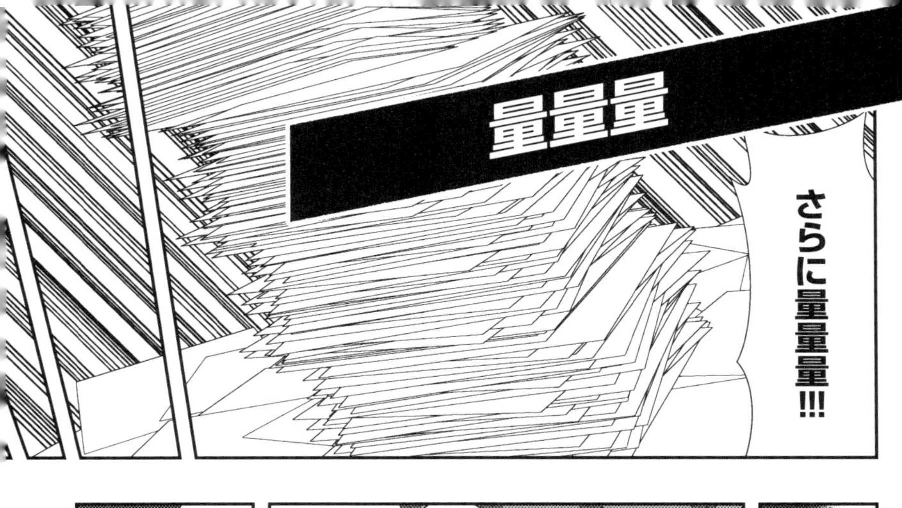
量量量
さらに量量量!!!

幻冬舎
LITERARY PUBLICATION GENTOSHA
こんなのどうかしてる…
通常単行本は6カ月かかるのに
3カ月くらいしかかけられないじゃないですか!

楽しいだろ?
は?

失敗したり恥をかいたりしながら
圧倒的場数をひたすらこなしていうちに
人と段違いの差がつくんだ
絶対に無理だと言われたら逆に燃えるだろ?
うう〜〜燃えます!

…第一弾も
一息ついたし
次の本もすぐ
仕込まなきゃ…

第二弾は
ビッグヒットが狙える
ホリエモンでいきたいな…
いいですね！
出版許可もらって
るんですか？

まだだよ

堀江さんって
すっっっごく
忙しいから
難しいらしいですよ
まだオファーも
してないんじゃ…
バカ！
前 教えてやっただろ
へ??

「今までの
名言をまとめて
本にしていいですか？」
って聞けば
いいんだよ！
エエエエエ〜〜〜〜!!

堀江さんの場合は
それがベストだ
堀江さんの考え方や
メソッドは
ツイッターやメルマガ
それに出演した
メディアなんかに
あふれていて
本人も
それを繰り返し
書くのは
好まないだろ

だから
テーマだけ当てて
勝手に編集して
あとで確認を取るんだ
いやいや
そんなやり方
聞いたこと
ありませんよ

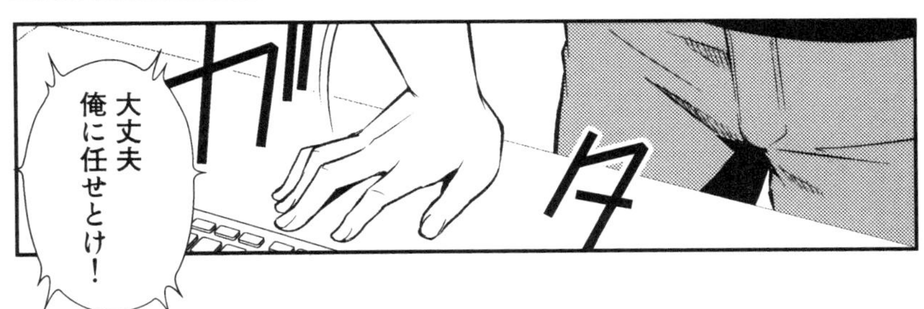
ガ
タ
大丈夫
俺に任せとけ！

本人より本人になってしまえば
オッケーしてくれるはずだ
スゴイ…
まるで堀江さんが憑依しているみたいです!

なるほど
なかなか
いいじゃない

ＯＫ任せる
よっしゃ───!!

やりましたね！
よし
売って売って
売りまくるぞ

ニューズピックス
ブック第二弾
堀江貴文
多動力
『多動力』は
30万部のヒットとなった
数字から逃げるな

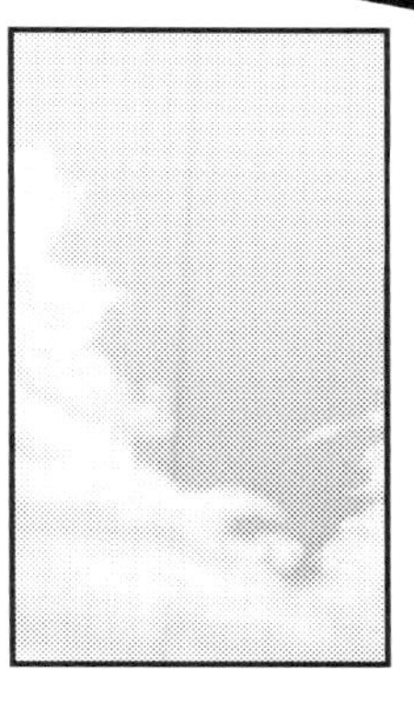

箕輪さん
どこへ？
次の著者と
仲良くなってくる！

ほんと他の出版社の5倍速いですよ
佐藤航陽
4時間で確認するのねやってみるわ
落合陽一
えっ!?あと3日ですか?
前田裕二
締切は2週間後だって?
1日しか時間取れないんですけど
佐渡島庸平
田端信太郎

わっ
また箕輪さん
一番乗りですか
今頃出社か
今頃って
まだ8時ですよ

箕輪さんどんな
スケジュールで
動いてるんですか？

朝3時に出社して
6時に入稿
そのあと
著者まわりして…
タクシーの中で
ゲラチェックして
空いた時間に
メールの返信…
ひぇえええっ
そんな生活してたら
死んじゃいますよ

何が悪いよ
ワクワクするために仕事してるんだ
俺が最高だと思える本を作る
この原稿を出せたら編集者やめてもいいくらいに

だから無理ぐらい喜んでする

箕輪さんって本当によくわからないですね
どういうこと?

だって普段はめんどくせぇめんどくせぇってダメ人間なのに
誰がだよ
でも一旦スイッチが入るとまるで別人じゃないですか

そんなの普通だろ
ビッ

すべてを失っても没入する熱狂が目の前にあるからだよ
ただ熱狂せよ
お金2.0
人生の勝算
前田裕二
堀江貴文

数カ月後
審査ありの少人数の編集サロン？
オンラインサロンだよ今最先端の
ガチで編集を手伝ってもらおうと思ってるんだ
マイページ
ション大学校
フォローする
月額費プラン
1624人 / 定員 2900人
10,800円 /1ヶ月
このプランに入会する

忙しいのにやる時間あるんですか？
忙しいからやるんだって
最強の編集チーム作ってアウトプットしまくってクリエイティブもPRもできるようにしたい
これ絶対楽しいぞ！

2017年6月
『箕輪編集室』設立

箕輪編集室
mino-hen

即
定員埋まった！
スゴイ…
少人数から
始まった
編集サロン

当初は
箕輪直接指導の
スパルタサロン
だった
圧倒的
アウトプット！
スキルアップ！

だがそのうち
話題が話題を呼び
箕輪編集室
1000人
突破！！
ガチ編集ゼミ開始ツイート
サロン開始
埋め込み
QR コード
ホーム
アクティビティ
パトロン
入室希望者が
増えてゆく…

さらには――!
Webマガジン
日刊NEWS
イベントの開催・運営
映画制作
箕輪大陸
MINOWA-TAIRIKU
『みの邸』
なんか メンバーが自走 しはじめてるんだが…

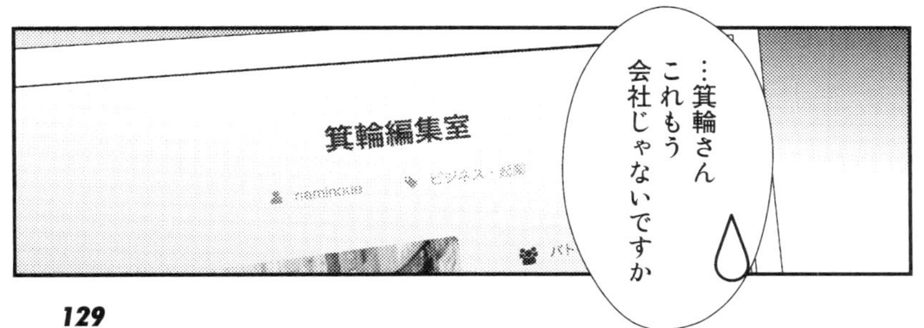
…箕輪さん これもう 会社じゃないですか
箕輪編集室

社長室
PRESIDENT

NewsPicks Book
ヒット連発だな

あ…
ありがとう
ございます

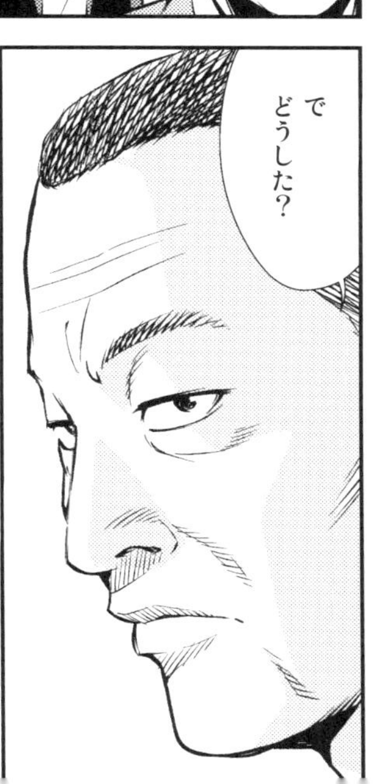
で
どうした？

あの…
オンラインサロンを
知っていますか？
ああ
もちろんだ

実は…
あの…
その…
なんだ？
さっさと
要件を言え

オンラインサロンは
絶対このあと
流れがくると
考えています
そうだな

オンラインサロン
という
イノベーションが
出版界にとって
黒船になるかも
しれないとも
思っています

うむ
それで?

でもまだ
会社でやるには
規模が小さく
やりようも
あまりありません…
だから
どうした?

だから自分が
プレイヤーとして
試行錯誤して
知見を貯めておきます
今日は
その報告に
来ました!

……
黒船が来た！ってときによく見たら舵を取っているのが箕輪だったら最高じゃないですか？

どうでしょう？

そうだな
頼んだぞ

はは
はいっ!!
会社からも認められた!!

箕輪編集室は
制作（文章・デザイン・
映像など）から
発信（イベント・PR）までの
機能が揃い
外部から
直で依頼を受けるほどの
レベルに高まっていく
NewsPicks Book
1st
Anniversary
ビジネス書、
もうこれでいいじゃん。
INTENSE COMMITMENT
一方箕輪が
豪華ゲストを招く定例会や
メンバー主体の部活・合宿などで
リアルな繋がりができ
若者たちの
居心地の良い
場所にもなってゆく――

…いったい
箕輪編集室とは
なんなんですか？

そこでは
何をやってる
んですか？

え〜と

お金を払って
僕が作る本の
プロモーションや
書店に展開する
パネルを
デザインしたりして
くれていますよ
パシャ
パシャ
どうして
お金を払って
働くんですか？

パシャ
そりゃあ
夢中になるものを
見つけたからですよ
努力は夢中に勝てない

やりたいと
思うからやる
やりがいもある
これまで
やりたくても
できなかったことや
ただ純粋に
ドキドキしたい
人たちが集まって
自分の可能性に
挑戦しているんだ
と思うんです

すごいシステムですね…

これまでのシステムやルールは大きく変化しています
さらに今後ロボットが大半の仕事を代替するでしょう
そうなれば我々はどう生きるか？

か…考えたことないです…

熱狂にまみれて生きるんです！
内なる欲求に忠実にね
リスクなんてなにもない！
すべての成功も失敗も人生を彩るイベントです！

未来は明るい
バカになって飛べ!

箕輪さんのおかげでやりたい仕事を見つけました
さすが箕輪さん
また明日もよろしくお願いします
おう！
快進撃は続く

『メモの魔力』は
時流にマッチして
40万部を突破し
２０１９年
一番売れた
ビジネス書に
メモの
魔力
前田裕二

NewsPicks Book
シリーズも
尖った企画で
ヒットを連発
実験思考
光本勇介
本を
原価販売!?

タイのタクシー
トゥクトゥクを
専用社用車とし
水着で
出社することも
テレビの
コメンテーターや
ヒットメーカーと
持て囃され
絶好調――!

…って
だけでもない
マジ同意
箕輪ってやつ
出版社の編集だろ？
調子乗りすぎ
所詮猿山のボス
おとなしく
本だけ作っとけ
テレビ出たり
CDデビューしたりとか
何様なんだ
実は毎朝
結構絶望している

そんな
怒濤の日々を
死に物狂いで
なぎ倒していく…

もちろん
それはそれで
充実した毎日
なんだが──

なんか飽きちゃったな

ブロォォッ

運転手さん
成田空港に行ってください
え 今からですか？
オォォ

すべて捨てて
もっと
バカにならないと
ダメなんです
オ
オ
オ
インド
全ては
ここからはじまった
あの日以来
落ちるか落ちないか
ギリギリの
綱の上で動き続け
そして
変わり続けてる

今まで積み上げた評価や実績なんて忘れて
ただ狂いたいんだ

宝石？
え…？何？

面白そうだな！
熱狂こそがすべて

死ぬこと以外かすり傷なんだ

10

スピードスピードスピード！

「スピードは熱を生み、量は質を生む」尊敬する週刊文春元編集長・新谷学の言葉だ。僕はもともと一冊入魂するタイプだった。しかし2017年4月にNewsPicks Bookを創刊した。このNewsPicks Bookは月額サービスなので毎月1冊の書き下ろしを出版しなければならない。書籍というものは通常6か月以上かけて作る。でもNewsPicks Bookは3か月ぐらいで作らないと回らない。前田裕二は「まさか3日で書けと言われるとは思わなかった。だけど朝まで二人で徹夜して青春みたいだった」と言い、岸勇希は「いきなりやってきて『締め切りは3週間後です』と言われたのが一番印象に残っている」と笑い、落合陽一は「箕輪さんの編集作業はスポーツみたいだった」とつぶやき、田端信太郎は「箕輪氏との編集作業は競走馬に種付けされているような気分だった。ワイルドで激しいけれど実は気持ちいいSEXのようだ。粗にして野だが、卑でも雑でもない」

とツイートした。普段ならありえないスピードで走り抜けることで書き手との間にものすごい熱が生まれる。そして、その熱によって本に魂が入るのだと思う。

2017年11月に出版した『お金2・0』(佐藤航陽)は20万部を超えるヒットになった。この本も3か月ほどで作った。佐藤さんに出版のお願いをしたのは、世間が仮想通貨バブルに沸き立っていたころだ。どこの出版社も当然、仮想通貨関連の本は準備し始めた。しかし、当たり前だが1年以上かける。『お金2・0』はまさに連日連夜、仮想通貨のニュースが報道される真っただ中で発売され、瞬く間にベストセラーになっていった。異常なスピードで走っていると、惑星と惑星がバンッとぶつかるようなことがある。佐藤航陽は「他の出版社の5倍速かった」と言った。

多くの人は「スピード相場」というものに洗脳されかかっている。本は6か月、デザインは1週間、会議は1時間、長い間そうやってきたという理由だけで踏襲されている「スピード相場」だ。僕は本は3か月で作り、デザインは2日ぐらいでお願いし、会議は立ち話にする。本当に忙しくすれば、無駄なことはどんどん切り捨てざるを得なくなる。本質的な仕事だけが残っていく。次第に生産性が上がっていく。

また極限まで時間がない状態は人の集中力を飛躍的に上げる。いいタイトルなどは何週間も考えても思いつかず、もうタイムアップという瞬間に思いつくことがあると思う。なぜなら集中力というのは、追い込まれた瞬間に最大値を記録するからだ。それならば、常に時間を区切って自分を追い込んだ状態にしておけば、集中力は下がらない。時間があればいいというものではない。制約がイノベーションを生む。ダラダラと居心地のいいスピードで仕事をしていては、この世にあらざるものは作れない。

11

量量量量！

量量量！　圧倒的な量を制圧して初めて見える世界がある。「ピカソは何で天才か分かるか？多作だからだ」と秋元康が言った。僕はこの意味を最初は分からなかった。質と量は反比例すると思っていた。手に負えないほどの量を抱えれば、質は下がるに決まっている。しかし、月に1冊本を出し、毎日プロデュースやコンサルの仕事をし、毎晩イベントに登壇し、毎週地方に講演しにいく。あり得ない量の仕事を抱え込んで初めて分かった。表面張力ギリギリまでがんばっていたコップの水がザーッと外に溢れたあと、本当の能力が開発されるのだと。

先日会社の机を掃除していたら、人前で喋る仕事をやり始めたときのメモが出てきた。最初の挨拶から想定問答集に至るまで、まるで放送作家が作る台本のように丁寧にメモが書かれている。

今はすべてぶっつけ本番だから、これには愕然とした。今のようにしゃべり仕事が毎晩入ってくると、いちいち想定問答集なんて作っている余裕はない。毎日話さなければならない状況に追い込まれ、準備している余裕もない。失敗したり恥をかいたりしながら圧倒的場数をひたすらこなしていくうちに自然と要点が分かってきて、能力は上がっていく。平均的な量をやっている人と段違いの差がつく。

どうにか乗り越えられる量ではだめだ。それでは能力爆発は起こらない。絶対に無理、どんな方法を使っても不可能だというぐらいの負荷を自分にかける。すると苦境を乗り越えようという防衛本能が芽生え、進化する。進化は危機からやってくるのだ。僕はこの1年間で見違えるくらい成長したと言われるが、それは絶望的になるくらいの量をこなしているからだ。

1年間で１００の力が使えるとしたら、最初の2か月で90を使い切ってしまうぐらいの気合いで走るといい。そこにインパクトが生まれる。圧倒的なまでに量をやるとキャパシティが増えて、また１００の力がプラスされる。中途半端ではだめだ。あるときビジネス書ランキングの売り上げの上位を僕の編集した本が独占していた。幻冬舎の書籍売り上げランキングを1位から4位まで独占していた。これは僕の編集能力があるからではない。圧倒的な量を作っているからだ。そこそこ優秀、そこそこ目立っているうちは周りから可愛がられる。ずば抜けると評論家気取りの連中に、そのスタイルを批判、中傷される。しかし、それがブランドになったという証拠だ。そして周りから批判を浴びたときに自分を支えてくれるのもまた量だ。「オレはお前らが寝ている間も働いている。誰よりも量をこなしてきた。舐めるなよ」と、確かな感覚が手に残っていれば、胸を張って戦える。量だけは裏切らない。誰よりも動け。

12

数字から逃げるな

「自分が作りたい本を作れれば売れなくてもいい」とロマンを語る編集者がよくいる。その気持ちは分かる。僕もそうだ。しかし作りたい本を作るための土壌はまず自分で整えなくてはいけない。好き放題をやり続けるには金がいるのだ。会社の金を使って赤字を垂れ流して「作りたい本を作れればいい」などというのは甘えに過ぎない。自分の金でやれ。そして、そういった人間が作るものはたいていの場合、おもしろくない。覚悟がないからだ。覚悟が甘い人間のコンテンツはゆるい。ビジネスでやっているのだから、儲からなければいずれ終わる。自分が好きなことをやるために、自分が好きな本を作るために、わがままで自由でいるために数字と戦わなければならない。

出版不況のさなか、新しいレーベルを立ち上げるのは容易なことではない。視聴率が悪い番組が打ち切りになるように、売れないレーベルは閉じざるを得ない。NewsPicks Book を続けるために僕は編集長として数字を出さなければならない。今では当たり前のように全国の書店にNewsPicks Bookコーナーができているが、書店で棚を取るのは大変だ。書店だって売れない本を並べる余裕はない。売れる本から順番にいい場所に置いていく。売れない本はお客さんの目にすら入りにくい場所に置かれる運命になる。

絶対に外せないと思った僕は、堀江貴文の『多動力』をNewsPicks Bookの第二弾で出した。数字を取りに行く。僕の中で明確な意思を持っていた。本の作り方から、プロモーション戦略に至るまで、売れるということから逆算して僕のそれまで培ってきた全知見、全人脈を賭けて一滴の水もこぼさぬ覚悟でやりきった。結果、怒涛の勢いで売れ続け、30万部を超える大ベストセラーになった。

『多動力』が売れたことによってNewsPicks Bookは売れる！　という信頼が生まれ、書店のいい場所を確保し始めた。そして、その後のNewsPicks Bookもまさにバトンを繋ぐようにしっかり数字を残し、今ではビジネス書の棚を占領し、どの本も初速がいい。「好きなものを作る」「やりたいことをやる」というのは大切だ。それがすべてだ。しかし、そのためには結果が必要だ。自由になるためには数字がいるのだ。

NewsPicks Bookは英語のタイトルでも、極端なデザインでも、無名な著者でも僕がいいと思えば出版できる。売れるかどうかは気にせず僕が好き勝手にフルスイングできる。わがまま放題。そしてその勢いが読者に伝わり、また売れていく。しかし、好き勝手に暴れるためのベースは計画的に着々と作ってきたのだ。好きなことをやる、というのは重要だ。そこから逃げるな。しかし、そのために数字から逃げるな。金を稼げ。金を稼いでロマンを語れ。

13

ただ熱狂せよ

出版不況の時代に今までになかった方法でヒットを出しているからか、マーケティングや販売戦略についてのインタビューがよく来る。聞かれるから答えているだけだが、そういったインタビューが世に出回り過ぎた結果、「売り方の話ばかりしている編集者はどうなのか」という批判を言われることも多い。しかし、僕ほど売れること自体を目的としていない編集者も珍しいと思う。たまに他の編集者の打ち合わせや企画会議に同席することもある。「この手のタイトルが売れてます」「カバーは今、こういったモノが流行っています」という作戦会議を著者としていたり、過去の類書の実績などを根拠に書籍企画を作っているのを見ると驚く。そんな画一的な仕事はＡＩにでもやらせておけ。僕はそんなマーケティングありきの仕事をしたことがない。

僕はただ、自分が読みたい本を作るだけだ。その最初の瞬間には、売れるか売れないかはどうでもいい。自分が好きな本を好きな著者と作る。それだけ。『ドラゴン桜』や『宇宙兄弟』の編集者・佐渡島庸平が語るコミュニティ論を僕はずっと参考にしていた。「箕輪編集室」のコミュニティ設計もNewsPicks Bookの読者の囲い方も佐渡島さんのアドバイスに大いに助けられている。その佐渡島さんのコミュニティ論を僕がもっと知りたいから『WE ARE LONELY, BUT NOT ALONE.』というタイトルで出版した。普通、英語のタイトルの本は売れないから編集者は断る。でも僕は売れる、売れないを理由に本を作ることはない。あくまで自分が読みたいかどうか。

よく編集者がカバーデザインや帯コピーの作り方を講義している。読者に伝わりやすい効果を書け！　とか著者の実績を大きく入れろ！　とか。しかし僕は、そんなことを意識して作ったことはない。10万部を突破した『読書という荒野』では、秋元康に推薦文をもらった。「見城徹の読書は血の匂いがする。ただ文字を追って『読了』と悦に入っている輩など、足元にも及ばない。書を貪り喰ったものだけが知る恍惚の表情を浮かべている。著者の内臓を喰らい、口から真っ赤な血を滴らせている」。この文章を見た瞬間、すぐにカメラをギラリと睨みつける『アウトレイジ』に出てくるヤクザのような見城徹を撮影しようと思いついた。カバーに読書の効能を訴える文言を入れる気なんてない。僕がその表紙を見たくなったのだ。

まずは自分が好きなものを作る。好きだから1冊でも多くの人に届けようと努力しているだけ。あくまでも自分が熱狂できるかどうか。世界中の誰も興味を持たなくても、もし自分が最高の本だと思えれば僕はそれでいい。死ぬときに自分の編集した本を本棚に並べてときめくことができれば、それが成功だ。

14

努力は夢中に勝てない

僕は猛烈に働いているように思われることもあるが、誰かに強制されているわけではないし、好きなことを好きなだけやっているだけだ。大事な打ち合わせがあっても、天気がよくてプールに行きたいと思えばプールに行く。僕は意識的に、自分の心がワクワクするかを行動基準にしている。なぜなら「努力は夢中に勝てない」から。僕が編集した『己を、奮い立たせる言葉』（岸勇希）に出てくる僕の好きな言葉だ。当然、仕事をしていれば苦しいこともあるし、朝は絶望的な気持ちにもなる。しかしどれだけ努力しても夢中な人には勝てない。義務感で仕事をやっている人間は、ヨダレを流しながら寝ることも忘れて没入している人間には絶対に勝つことはできない。だから僕は自分が夢中になれるかどうか、その心の動きを大切にする。

著者が自分に憑依するまで著者を愛し、あらゆる手段を使って著者の声を届ける。そのために圧倒的にやる。寝ても覚めてもスマホをいじり、ツイッターを観察し、本が売れる材料があればすぐさま拡散する。著者が国民的女優と熱愛しているという報道をキャッチすれば、自ら親友と名乗り本を片手にワイドショーをジャックする。ここが僕の強さだ。仕事とプライベートの境目はないし、24時間休みはない。しかし、もし「これがオマエの仕事だ」と上司から命令されてやっているのであれば、ノイローゼになってしまうだろう。僕は好きでやっているだけだから、ここまで狂えるのだ。「努力は夢中に勝てない」という方程式は、編集者に限らずすべての仕事に共通する。目の前のことにどれだけ夢中になれるか。熱狂できるか。夢中の前ではどんな戦略もノウハウも無力だ。

政府が一律で国民にお金を配るベーシックインカムの導入が各国で議論されている。稼ぐために働くという生き方が減っていくのは間違いない。AIが発達し、農作業もロボットが寝ずにやるようになる。労働時間は減り、お金の価値は下がり、やりがいや生きがいの価値が上がっていく。箕輪編集室では、メンバーはお金を払いながら働いている。旧来の価値観を持った人からすると理解できないと思う。しかし、お金に興味がない若い世代にとっては、やりがいのある仕事はもはや労働ではなく遊びなのだ。

今まではお金を稼ぐのが上手な人が豊かであったが、これからは夢中になれるものを見つけている人が豊かになる。お金はあっても何をしたらいいか分からない人は苦しくなる。ウダウダと考えすぎずに、どんな仕事や誘いでも「やります」「行きます」を口癖にしてとにかく動く。そして小さな成功体験を重ねる。小さくても出来ることを繰り返していると、人生をかけて夢中になれることがやがて見つかる。

大切なのは常識に縛られないこと。固体としての欲望と偏愛を解放しろ。ごちゃごちゃいう前にとにかく動け。

15

バカになって飛べ！

編集者として100年後も読み継がれる本を作りたい。
そういう想いが僕には、どういうわけだか一切ない。
それは僕自身の生き方においても同じだ。
いつまでも編集者として活躍していたいとか、出版業界をアップデートしたいとか、クリエイターが活躍できる社会を作りたいとか、一切ない。
「なんか今、もの凄い大きな音がしたけど、どっかで爆発でも起きたのか？」と思われるような、不確かで、何の意味もなく、解釈のしようがない存在でいいと思っている。そこには正義感や高尚な理念などない。時代のあだ花でいい。どっかで破滅して、なんか箕輪っていう編集者いたよねって言われているくらいがちょうどいい。
学生のときから、公園で昼間からチューハイを飲んでいるおじさんたちを見て、すこし羨ましいと思っていた。どちらかと言うと、破壊願望や破滅願望があって、安定してくると無性にその現状を壊したくなる。

NewsPicks Bookが軌道に乗って、僕はヒットメーカーのようにちやほやされはじめ、会議で大していいアイデアではなくても「さすが箕輪さん」と言われ、多くの立派な著者から「箕輪さんに編集してほしい」と言われる。とてもありがたいことだけれど、その時点で僕の腐敗は始まっている。居心地がいいということは挑戦していないということ。成長していないということだ。

NewsPicks Bookを始めたとき、このレーベルがこけたらどうしよう。『多動力』が売れなかったら終わりだ、と常にヒリヒリする危機感と戦っていた。しかし、今ではどこか落ち着いていて、切実に何かを願う気持ちはない。軌道に乗るとはこういうことなのだと思う。ギャンブルのフェーズを超えてビジネスとして安定する。システマチックに回り始め、誰か一人の才能や熱狂に頼らずに進んでいく。上手くいくとはこういうことだ。

しかし、僕自身は、落ちるか落ちないかギリギリの綱の上でこそ輝く人間だと思っている。動き続け、変わり続けないと飽きてしまう。だから、僕はまったく新しいことを、またやり始めないといけない。変わり続けることをやめた時点で、僕という人間に価値はない。

大事なことは行動するかどうかだ。それだけが道を分ける。だから僕は、行動せよと読者の背中を押す。本はそのためのツールでしかない。

この世は酔いがさめた人間、まともになった人間から脱落していく愉快なレースだ。世界に対してできることを考えながら自分らしく狂え。ありのままで楽しみながら、自分にしか生み出せない何かを作れ。

リスクなんて何一つない。失敗こそ最高のブランドだ。バカになって飛べ。傷ついても、それをネタに笑いながら、またそこから走り始めよう。

熱狂にまみれて生きるんです！
内なる欲求に忠実にね

マンガ
死ぬこと以外かすり傷

おわりに

世界へ出て、世界を変えよう

漫画『死ぬこと以外かすり傷』をお楽しみいただきありがとうございました。

自分の人生を漫画にし、しかも自分の所属する出版社から発売するような頭のおかしい人間になるとは、漫画の最初に出てきたピカピカ社会人の時は一ミリも思わなかったです。人生は何が起きるかわからないなと、自分で自分の漫画を読んで、改めて感じている。

漫画として盛り上げるために、双葉社の先輩方がモブキャラみたいになってしまったことを真剣に心苦しく思っている。実際、僕の今があるのは、最初に入った会社が双葉社という、自由で、オープンで、個性を大切にしてくれる会社だったからに他ならない。この場を借りてお詫びしたい。

僕は就職活動の際、テレビ局や出版社を中心に受けた。しかし結果、沖縄のリゾートホテルにしか内定が決まらず。沖縄に移住し、砂浜にパラソルさす仕事に就く予定だった。浪人までして早稲田大学に入り、結果砂浜にパラソルをさす。「俺の人生ってなんだか面白いな」と自分で自分を強引に納得させていた。しかし、ここでリーマンショックが起こり、唯一の内定先である沖縄の会社があっさり倒産。就職浪人することになった。

そして二回目の就活で、落ちこぼれの僕を拾ってくれた唯一の会社が双葉社だった。僕は大学4年間、遊びに遊び、遊び狂っていたので、入社しても何もできなかった。キーボードの打ち方さえも分からず、デスクにキーボードの打ち方のメモを置き、それを見ながら仕事をしていた。さながら、おじいちゃんのリハビリ状態。

そんなダメダメな僕を温かく見守り、たくさんのチャンスをいただき、事故っても笑って許してくれた、双葉社の皆さん、本当にありがとうございました。僕は毎朝、飯田橋の方を見ながら、頭を下げ、仕事を始めております。

漫画の最後に、僕が「なんか飽きちゃったな」とつぶやく。これは、仕上がった漫画のゲラを読んでいたときに、僕が最後に追加したセリフだ。ザ・ハイロウズの「モンシロチョウ」という僕が好きな曲に次のような歌詞がある。

「裸になればいいのか
ポコチン出せばいいのか
存在してるだけじゃ
退屈で嫌になっちゃうよ」

僕は破壊衝動というか、自滅欲求というか、しっかり安定している空気を感じると、それを無性に壊したくなる。テレビなどで「ヒットメーカー」「次世代の論客」みたいに言われたり、なんかまともな人っぽく扱われている自分は居心地が悪い。自分についてしまったイメージを破壊して、もう一回ゼロに戻して、新しいことやりたいなと思っている。

漫画の中にも登場したように、僕のベースは「箕輪編集室」というオンラインサロンだ。今は1300人以上のメンバーが在籍していて、それぞれのメンバーが自走して、様々なプロジェクトを動かしている。中学生から60代まで、クリエイターからアスリートから、サラリーマンから公務員まで、ありとあらゆる職種の人が参加していて、ある意味で一つの国家のようだ。

僕はこの「箕輪編集室」を来年から世界に広げようと思っている。

僕は編集者として、ベストセラーをただ出しても嬉しくはない。トンデモ健康本や嫌韓本でヒットを出しても、森林の無駄遣いじゃんと思う。本がきっかけで一人でも多くの人の人生が実際に変わったり、この世界が面白くなっていったりしてはじめて、本を編集してよかったなと感じる。これはキレイゴトではなく、本というものを利用して世界を自分が都合よい方向に持っていこうとしているだけだ。

僕が編集する本には、「未知なることに挑戦しろ」という一貫したメッセージがある。

挑戦する人を安全地帯から笑ったり、失敗した人をここぞとばかりに叩く世の中は好きじゃない。批評家が幅を利かし、実践者が馬鹿にされる世界は、僕にとって都合が悪い。

だから本を読んで共感してくれた読者と、挑戦することが美しいと思える世界を作っていきたいのだ。ツイッターで賢い顔して他人を批評している人間より、馬鹿でもとりあえず動いてみる人間のほうが尊い世界だ。

しかし、本を読んだだけで、明日からの行動が変わり、世界を変えようと動く人は、1%もいないと思う。

だからこそ、本で感情を揺さぶられた人たちを束ねて、現代の私塾のようなコミュニティを作っている。それが「箕輪編集室」だ。人体に新しい血液を染み渡らせ新しい人間へと生まれ変わらせるように、世界中に僕の編集した本に共感してくれた人たちを散りばめ、新しい世界を作っていきたい。

最近、日本は〝オワコン〟だとかよく言われる。実際に、人口がどんどん減っていて、５年後には３人に１人が65歳以上になると言われている。３人に１人が65歳以上の会社を想像してみてほしい。そりゃ無理だ。船として、沈んでいるのは間違いない。

しかし、どうにもならない状況というのはチャンスだ。どうにもならないんだから、動くしかない。挑戦しないと死ぬだけだ。幸い、世界にはこれから勢いを増す船がたくさんある。海の向こうでは目をギラギラさせた連中が暴れまわっている。沈み行く船で内向きに生きるのではなく、ガンガン世界に飛び出していく足場を僕は作りたい。

世界に出ていき、世界を変える。そして、そのエネルギーを日本にまた還元する。
だから来年「箕輪編集室」をまず東南アジアに進出させる。そこからヨーロッパ、アメリカ、南米、アフリカと広げていって、ある意味、マフィアのように同じ志をもった人たちが世界中にいる状況を作っていく。世界中のどこでもポジティブな挑戦ができ、同志たちと切磋琢磨できるような居場所にする。

この本を読んでくれた人たちの中で、一緒にこの船に乗ってくれる人は、たまに沈没したり、とんでもない目に遭ったり、海賊に襲われたりするかもしれないけれど、きっと楽しい場所に連れて行きます。たぶん大丈夫。お待ちしております。

２０１９年12月12日　箕輪厚介

謝辞

漫画を読み、改めて自分の人生は周りの人の力によって成立していると感じました。

見城さん、驚くほど怖い顔で描かれているコマがあって事前に確認しようかと悩んだのですが、それもまた危険と踏んでダマって出版しました。本当にすみません。漫画にもあるように僕の人生は見城さんと出会ったことで劇的に変わっていきました。盃を頂いた若いもんとして一生付いていきます。

そして幻冬舎の皆さん、滅茶苦茶なことをやって掻き回す僕にいつも力を貸していただき、本当にすみません。そしてありがとうございます。僕だったら無理です。これからもよろしくお願いします。

また著者のみなさま、一緒に本を作ってくれるライターさんやデザイナーさん、印刷所のみなさま、本当に感謝しています。いつも短い時間で、ムチャぶりで振り回してすみません。これからも共に仕事をしましょう。

書店員のみなさま、取次のみなさま、読者のみなさま、いつもありがとうございます。本を原価で売ったり、サイン会にエイを置いたり、変な企画ばかり立てて混乱させてすみません。これから出版業界を一緒に盛り上げていけたらうれしいです。アマゾンを倒しましょう。

アマゾンのみなさま、いつもありがとうございます。

そして、この漫画を編集してくださった勘田さんやシナリオの星井さん、漫画家の松枝さんをはじめスタッフのみなさま、スケジュールを全く守らず、すみません。こんな僕を支えてくれてありがとうございました。おかげさまで素晴らしい作品になりました。

ミノ編メンバー、いつも大変だと思う。分かってはいるよ。ありがとう。でも、さらなる高みを目指しましょう。

これからも世界中のみなさんに迷惑をかけますが、どうぞよろしくお願いします。

箕輪厚介

価格自由

死ぬこと以外かすり傷な体験を

たくさん用意しました!

共に狂いましょう!

https://shinukasu.jp/qr/

※この狂乱は予告なく終了させていただく場合がございます。

予めご了承ください。

カバーイラスト
松枝尚嗣

オビ写真
中川正子
（マガジンハウス刊『死ぬこと以外かすり傷』より）

取材協力
柴山由香（箕輪編集室）
浅見 裕（箕輪編集室）
堀 基晴（箕輪編集室）
橘田佐樹（箕輪編集室）

協力
箕輪編集室

ブックデザイン
土井敦史（HIRO ISLAND）

制作
トレンド・プロ

編集
勘田 陽（幻冬舎コミックス）

企画
箕輪厚介（幻冬舎）

マンガ
死ぬこと以外かすり傷

2019年12月31日　第1刷発行

著者
箕輪厚介
星井博文
松枝尚嗣

発行人
石原正康

発行元
株式会社 幻冬舎コミックス
〒151-0051
東京都渋谷区千駄ヶ谷4-9-7
電話　03-5411-6431(編集)

発売元
株式会社 幻冬舎
〒151-0051
東京都渋谷区千駄ヶ谷4-9-7
電話　03-5411-6222(営業)
振替　00120-8-767643

印刷・製本所
株式会社 光邦

ISBN978-4-344-84444-5 C0095

幻冬舎コミックスホームページ
http://www.gentosha-comics.net

JASRAC出願中